100

infos à connaître

DANS LES AIRS

100 infos à connaître

DANS LES AIRS

Sue Becklake
Consultant : Chris Oxlade

Piccolia

5, rue d'Alembert
91240 Saint-Michel-sur-Orge
Dépôt légal : 1er trimestre 2009
Loi n°49-956 du 16 juillet 1949
sur les publications destinées à la jeunesse.
Imprimé en Chine.

Remerciements aux artistes qui ont contribué
à l'élaboration de ce titre :
Mike Foster - Terry Pastor - Richard Roussel - Adam Hook
Richard Hook - Tim@kja-artists.com
Roger-Viollet/TopFoto - sharply_done-Fotolia.com - Bettmand/Corbis
- Chris Fourie-Fotolia.com - Ron Watts/Corbis - Antony
Nettle/Alamy - Arne Dedart/dpa/Corbis - Michel Setboun/Corbis
- Jetpics-Fotolia.com - IL-Fotolia.com - Star Images/Topfoto - Lowell
Georgia/Corbis - Corbis - TopFoto/ImageWorks - George Hall/Corbis
- George Hall/Corbis - Charles O'Rear/Corbis - TopFoto.co.uk
- TopFoto/keystone - NASA
Castrol - Corel - digitalSTOCK - digitalvision - John Foxx - PhotoAlto
- PhotoDisc - PhotoEssentials - PhotoPro - Stockbyte

Sommaire

Voler... le rêve de l'homme !

▶ Cet Eurofighter Typhoon est un avion de combat qui peut aller à plus de 2 400 km/h !

1 **Depuis des millénaires, l'homme a été fasciné par les oiseaux car il voulait voler comme eux !** Les premiers essais réels remontent à des centaines d'années. Au départ, avec des plumes ou de la toile sur les bras, des hommes se jetaient dans le vide en espérant pouvoir monter dans les airs… cela leur a valu la mort. Puis, on a construit différents engins, sans succès. Enfin, on a découvert que si l'on mettait à ces machines des ailes bombées et non droites, elles pouvaient s'élever dans les airs. Ainsi débuta l'ère de l'aviation. Aujourd'hui, prendre l'avion pour traverser le monde nous semble banal mais de nombreux inventeurs ont passé toute leur vie pour que ce rêve devienne réalité !

Les premiers exploits

▲ En novembre 1783, les deux volontaires à bord de la montgolfière réussirent à monter à une altitude de 900 mètres.

2 Le premier vol humain eut lieu dans un ballon, et non à bord d'un avion. En 1783, en France, les frères Montgolfier fabriquèrent un gros ballon en toile doublé de papier sous lequel ils allumèrent un feu afin de le remplir d'air chaud. C'est ainsi que le ballon (appelé montgolfière) put s'élever. À son bord, deux passagers alimentaient le feu et réussirent à survoler Paris pendant 20 minutes.

INCROYABLE !

En septembre 1783, avant de tester leur ballon avec des hommes, les frères Montgolfier firent des essais avec un canard, un mouton et un coq !

3 Les premiers avions étaient des planeurs, sans moteurs. L'Allemand Otto Lilienthal fut le premier à inventer un planeur avec des ailes en forme d'arc. C'est en étudiant les oiseaux qu'il réussit à comprendre ce qu'est l'aérodynamisme. Il fit son premier vol en 1891 et en exécuta plus de deux mille avant de trouver la mort !

► Pour tester ses machines volantes, Otto Lilienthal s'élançait de collines ou de toits.

4 **Le premier avion équipé d'un moteur vola à Kitty Hawk (États-Unis) en 1903.** Il fut construit par deux frères, Wilbur et Orville Wright. Nommé ***Wright Flyer***, c'était un biplan, c'est-à-dire, que l'avion avait deux ailes, l'une au-dessus de l'autre. Il était propulsé par deux hélices situées derrière l'avion.

5 **Le 25 juillet 1909, Louis Blériot fut le premier à traverser la Manche sur un monoplan.** Inventeur de l'avion avec une aile de chaque côté, il partit de Calais pour rejoindre Douvres, soit près de 30 km au-dessus de la mer et ce, en un temps record : 37 minutes !

6 **Le premier hélicoptère ressemblait à un avion avec des ailes qui tournoyaient.** Il fut construit dans les années 1930. Son fuselage ressemblait à celui d'un avion mais sans ailes. Deux rotors étaient fixés sur le dessus, chacun muni de pales qui tournoyaient en décrivant un cercle. Ils soulevaient l'hélicoptère à la verticale, ainsi celui-ci pouvait voler en stationnaire, avancer et reculer.

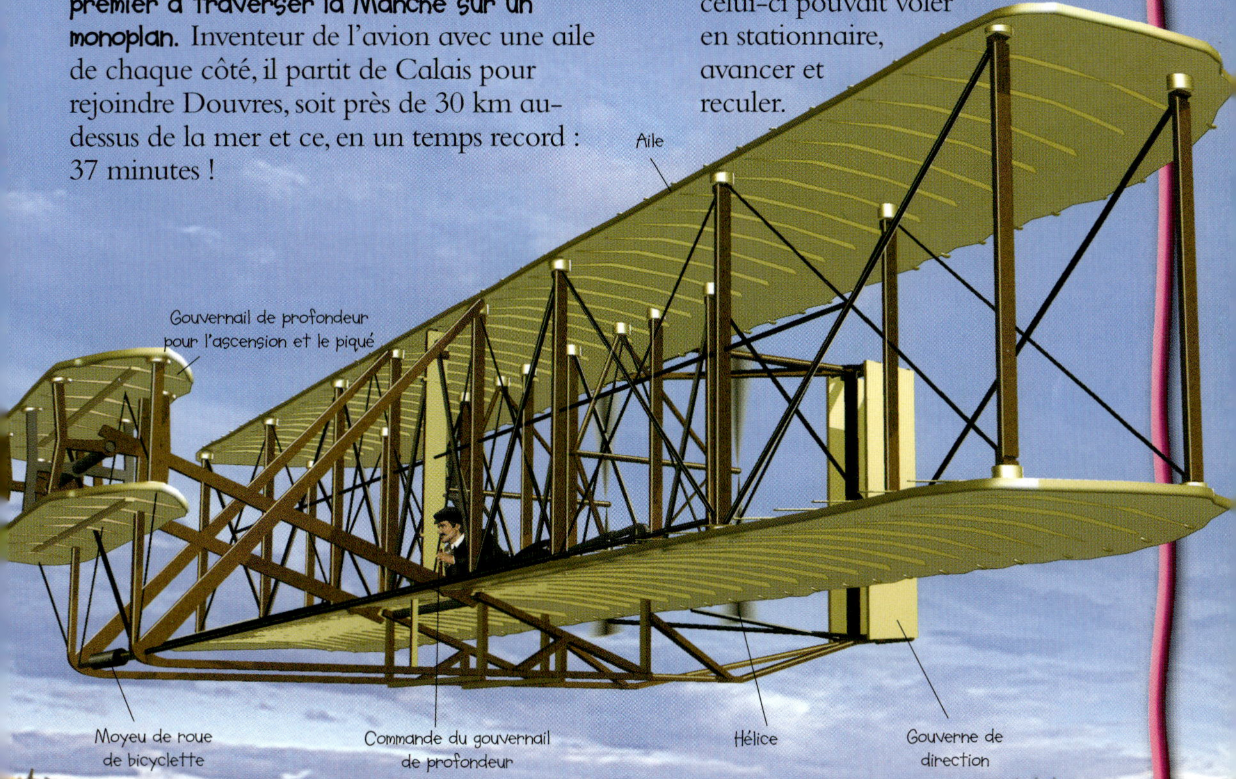

▲ En 1905, le Wright Flyer III a volé 40 kilomètres sans se poser, ce qui était un exploit à l'époque ! Le pilote, l'un des frères Wright, devait piloter allongé sur l'aile du dessous.

Les premières heures de l'aviation

7 Lors de la Première Guerre mondiale, les avions furent utilisés pour combattre !

Les biplans, comme le Sopwith Camel par exemple, étaient tous équipés de mitrailleuses : ils abattaient les avions ennemis mais faisaient également feu sur les soldats à terre. Quant aux avions plus lourds et aux dirigeables, ils lâchaient des bombes !

▲ Ce Sopwith Camel britannique a abattu un avion allemand. « Camel » signifie en français « chameau » ; on lui a attribué ce nom car ses mitraillettes étaient recouvertes d'un capot qui formait une bosse !

8 Depuis 1920, on voyageait en dirigeable pour faire la traversée de l'Atlantique.

Cette machine géante, de forme allongée, s'élevait grâce à un gaz plus léger que l'air, de l'hydrogène, qui peut prendre facilement feu. Le dirigeable était équipé de moteurs et d'hélices avec lesquels il se propulsait et se dirigeait. Mais, en 1937, le ***Hindenburg*** s'enflamma et depuis, plus aucun voyage ne se fit en dirigeable rempli d'hydrogène.

Le dirigeable ***Hindenburg***

◀ Le 6 mai 1937, trente-six personnes moururent dans l'incendie du dirigeable **Hindenburg**.

VRAI OU FAUX ?

1. Un tournoi est un combat entre deux avions.
2. Les avions de ligne à réaction peuvent voler plus vite que ceux à hélice.
3. Les dirigeables sont remplis de gaz plus lourd que l'air.

Réponses :
1. Faux ; 2. Vrai ; 3. Faux

9 Les avions jouèrent un rôle essentiel au cours de la Seconde Guerre mondiale. De gros bombardiers pouvaient transporter d'importants chargements de bombes qu'ils lâchaient sur les usines, les ports et les villes ennemis. Ils n'étaient cependant pas assez rapides pour échapper aux attaques des chasseurs, conçus pour voler et virer rapidement. Les duels aériens entre les avions de chasse s'appelaient des « combats tournoyants ».

▲ En 1944, le Messerschmitt 262 allemand (Me-262) est le premier avion de combat à réaction. Il était beaucoup plus rapide que tous les chasseurs alliés.

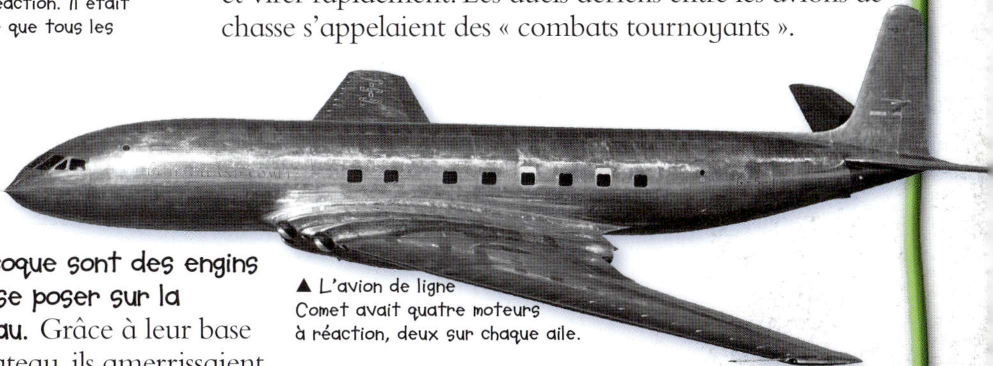

▲ L'avion de ligne Comet avait quatre moteurs à réaction, deux sur chaque aile.

10 Les hydravions à coque sont des engins qui pouvaient se poser sur la surface de l'eau. Grâce à leur base en forme de bateau, ils amerrissaient sur des plans d'eau. Dans les années 1920-1930, ils transportaient des voyageurs et du courrier d'un bout à l'autre du monde. Les plus gros pouvaient accueillir 70 passagers.

11 Après la Seconde Guerre mondiale, les déplacements en avion devinrent plus courants. Les nouveaux moteurs à réaction ont permis aux aéronefs de voler plus vite et de transporter plus de passagers. L'avion de ligne Comet fut le premier à le faire en 1952. Il était deux fois plus rapide qu'un avion à hélices. C'est l'ancêtre de nos avions de lignes qui, aujourd'hui, peuvent transporter des centaines de passagers sur de très longues distances.

Structure d'un avion

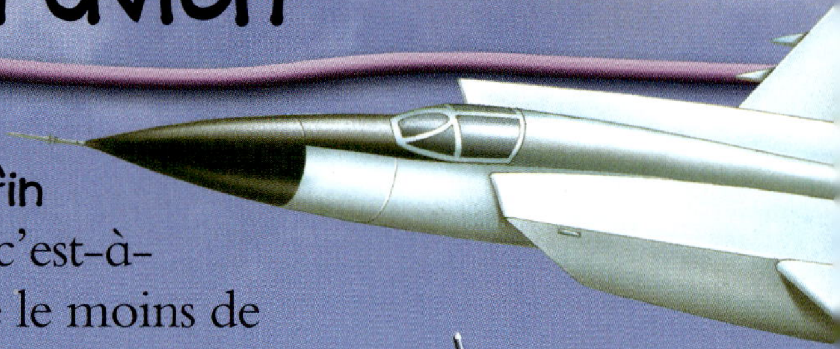

12 Un avion est long et fin afin d'être aérodynamique, c'est-à-dire qu'en vol, sa forme offre le moins de résistance possible à l'air. La plus grande partie de son corps, nommée le fuselage, est l'endroit où sont installés tous les passagers (la cabine) avec, en dessous, la soute où l'on met les bagages. À l'avant, se trouve le poste de pilotage appelé cockpit ; le pilote y est aux commandes.

▶ L'avion de ligne Airbus A380 est l'un des plus gros-porteurs. Il peut transporter jusqu'à 853 passagers sur deux étages.

13 Les ailes, placées de chaque côté du fuselage, permettent à l'avion de le maintenir en vol en prenant appui sur l'air. Longues, elles sont plates mais incurvées sur leur surface supérieure. Les moteurs y sont généralement fixés sur le dessous et les réservoirs de carburant se trouvent à l'intérieur. Les bords avant et arrière des ailes sont dotés de volets qui s'inclinent vers le haut ou vers le bas pour diriger l'avion.

INCROYABLE !
Le gros-porteur (ou jumbo-jet) Boeing 747 a 18 roues au total : deux sont situées sous son nez et quatre jeux de quatre roues sous son fuselage et ses ailes.

◀ Le chasseur MiG a deux dérives à l'arrière. Permettant une stabilité supplémentaire, le pilote peut mieux manœuvrer l'avion.

14 À l'arrière du fuselage, la queue est conçue pour garantir la stabilité de l'avion. La dérive, partie dirigée vers le haut possède une gouverne de direction qui se déplace de gauche à droite. Les deux petites ailes horizontales de chaque côté de la queue ont des gouvernes de profondeur que l'on peut soulever ou abaisser. On appelle l'empennage cette partie de l'avion.

15 Les avions ont des roues nommées les trains d'atterrissage. Deux roues sont situées sous le cockpit et quatre de chaque côté du fuselage près des ailes. Elles sont repliées quand l'appareil est dans les airs. Les gros aéronefs ont plus de roues que les avions légers.

16 La puissance des moteurs permet la propulsion de l'avion. Certains petits appareils n'ont qu'un seul moteur mais la plupart des gros aéronefs en ont au moins deux, fixés généralement sous les ailes. Un avion de ligne est conçu de telle sorte que si un moteur tombe en panne, il peut poursuivre sa route grâce aux autres.

▼ Les roues d'un aéronef ou train d'atterrissage se replient pour le décollage et l'atterrissage.

Comment volent-ils ?

17 Grâce à ses moteurs, l'avion est propulsé vers l'avant. Cette force s'appelle la poussée. Mais, l'air freine l'appareil car il donne une résistance dans la direction opposée. C'est ce qu'on nomme la traînée. Le poids est la force qui tire l'appareil vers le bas. Mais, en vol, grâce à leur forme, les ailes procurent une force dirigée vers le haut, appelée portance.

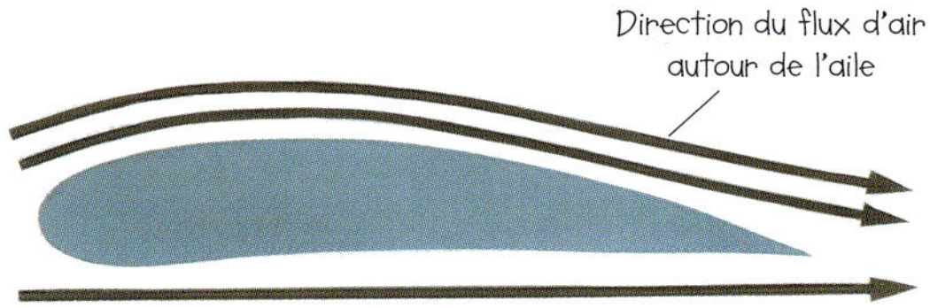

▲ En vol, l'air passe au-dessus et en dessous de l'aile, ce qui lui permet d'être portée.

18 L'air circule sur les ailes et les soulève. Elles ont une forme spécifique appelée surface portante ou plan porteur. La partie au-dessus est bombée (ou convexe) alors que la partie en dessous est plus plate. En vol, l'air qui circule sur la partie supérieure a un trajet plus long que celui qui court sur la partie inférieure. Ainsi, l'air en dessous appuie plus fort sur l'aile que l'air au-dessus. C'est pourquoi elle est soulevée vers le haut et entraîne l'avion avec elle.

▲ Quatre forces différentes s'exercent dans quatre directions différentes sur un appareil en vol.

FORCE DE PORTANCE

Enroule une bande de papier autour d'un crayon puis enlève-le. Saisis la bande par un bout et souffle fort dessus. Regarde l'autre extrémité de ton papier : il se soulève. Cela te montre comment une aile d'avion se déplace vers le haut et maintient l'appareil en vol. Plus tu souffles fort, plus le papier se soulève !

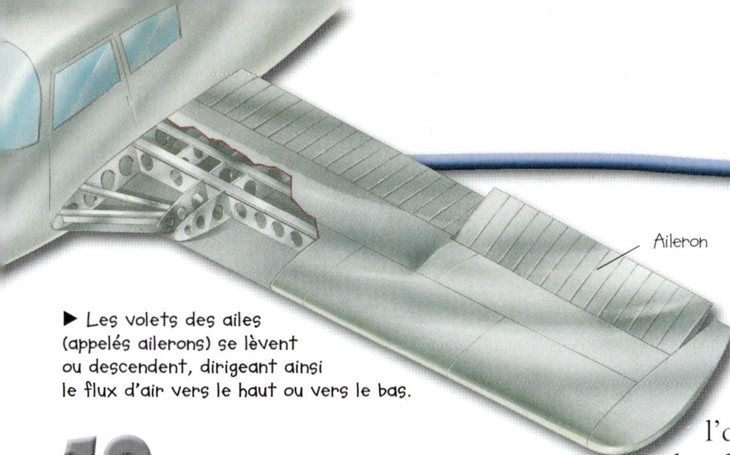

▶ Les volets des ailes (appelés ailerons) se lèvent ou descendent, dirigeant ainsi le flux d'air vers le haut ou vers le bas.

19 **Les moteurs propulsent l'avion vers l'avant. C'est la poussée.** Plus l'appareil avance vite, plus la poussée est forte. Elle doit être égale au poids de l'appareil pour que celui-ci puisse voler. Cela signifie que la poussée des moteurs doit rapidement entraîner l'avion afin de lui donner suffisamment de portance pour s'élever dans les airs.

20 **Quand l'avion avance, l'air exerce une résistance sur l'appareil.** C'est pourquoi cette force, appelée la traînée, ralentit l'appareil et lui fait consommer plus de carburant. Les constructeurs aéronautiques tentent de concevoir des avions les plus aérodynamiques possible pour réduire au maximum la traînée.

21 **Par son poids, l'avion est systématiquement attiré vers le sol.** Pour cette raison, les aéronefs sont construits dans des matériaux légers mais résistants de manière à être les moins lourds possibles. Malgré cela, le gros-porteur Boeing 747 ainsi que tous ses passagers et leurs bagages peuvent peser jusqu'à 360 tonnes. Néanmoins, cela ne l'empêche pas de décoller et de voler !

22 **La poussée provient des moteurs à réaction ou des hélices.** Les moteurs à réaction sont plus puissants et plus adaptés à altitude élevée où l'air est plus rare. Les avions de ligne et de combat disposent de moteurs à réaction. Les hélices équipent les avions qui volent plus lentement et plus près du sol. La plupart des avions privés et certains gros avions qui transportent de lourdes cargaisons utilisent des moteurs à hélice.

▼ Les moteurs à réaction ou ceux à hélice propulsent l'appareil vers l'avant.

Des moteurs puissants

23 Le moteur à réaction propulse un avion vers l'avant en provoquant un jet de gaz chauds. Un turboréacteur est muni d'un compresseur : c'est des aubes qui tournent très vite pour aspirer l'air à l'avant du moteur afin de le comprimer. À l'intérieur, le carburant mélangé à cet air est brûlé, ce qui crée des gaz chauds. Ces derniers sont expulsés et jaillissent d'une tuyère à l'arrière du moteur.

BALLON À RÉACTION

Gonfle un ballon et lâche-le. Observe comment il est propulsé par l'air qui s'échappe. De la même façon, un avion est propulsé par les gaz expulsés de ses moteurs à réaction.

▼ Dans un turboréacteur, l'air est aspiré et brûlé avec le carburant pour créer des gaz chauds.

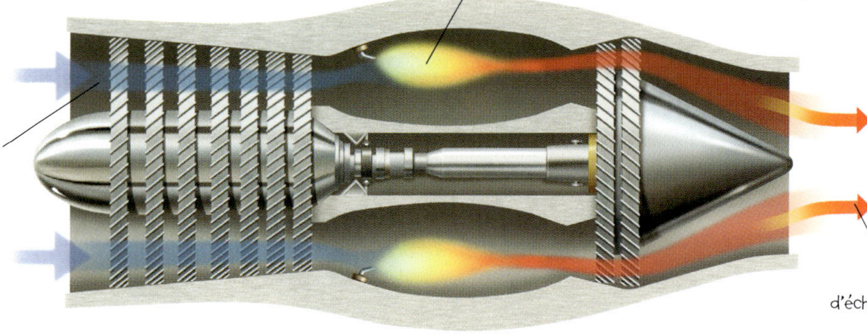

▼ Dans un turboréacteur à double flux, l'air froid se mélange aux gaz chauds pour générer la poussée.

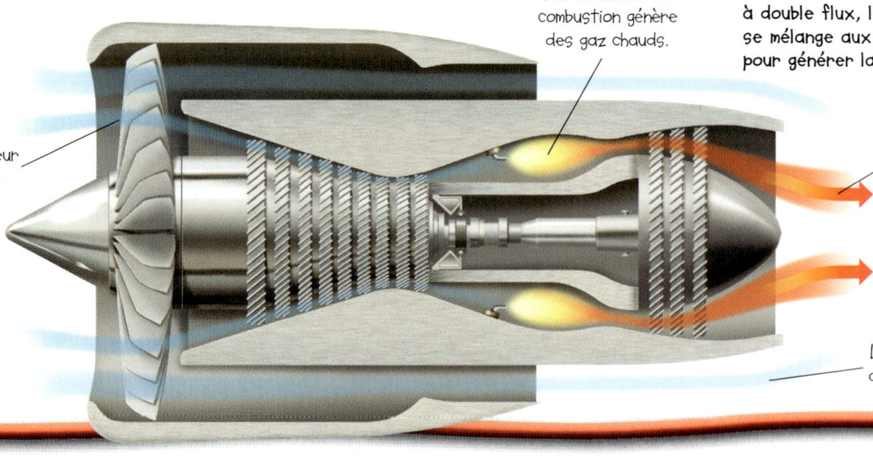

24 **Un turboréacteur à double flux est un autre type de moteur à réaction utilisé par les avions de ligne modernes.** Il est moins bruyant et plus économique que les turboréacteurs traditionnels. Un énorme ventilateur à l'avant aspire l'air, dont seule une partie est comprimée et mélangée au carburant. Le reste de l'air circule à l'extérieur du moteur et se mélange aux gaz chauds qui jaillissent à l'arrière.

▲ Lorsque les hélices tournent, elles attirent l'avion dans l'air.

25 **Les hélices tournent à toute vitesse pour propulser l'avion.** L'hélice est faite d'au moins deux pales qui partent du centre. Chaque pale ressemble à une petite aile en forme de vrille. En tournant très vite, l'avion avance ! Les petits appareils n'ont qu'une seule hélice à l'avant mais les plus gros en possèdent plusieurs, chacune ayant son propre moteur.

26 **Il existe deux genres de moteurs à hélice.** L'un est très simple et est semblable à celui d'une voiture. Les premiers aéronefs et de nombreux petits avions utilisent encore ce type de moteur. L'autre est un turbopropulseur : c'est un petit moteur à réaction qui fait tourner une hélice. C'est elle qui propulse l'avion et non le jet de gaz chauds.

▼ L'hélice du turbopropulseur est entraîné par un petit moteur à réaction. C'est elle qui propulse l'avion et non les gaz chauds.

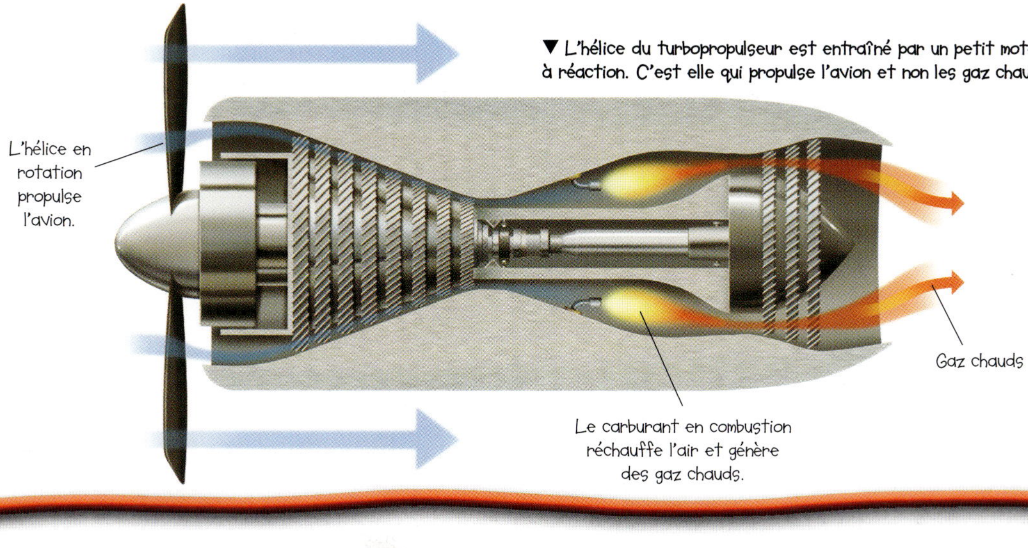

Ascensions, piqués et virages

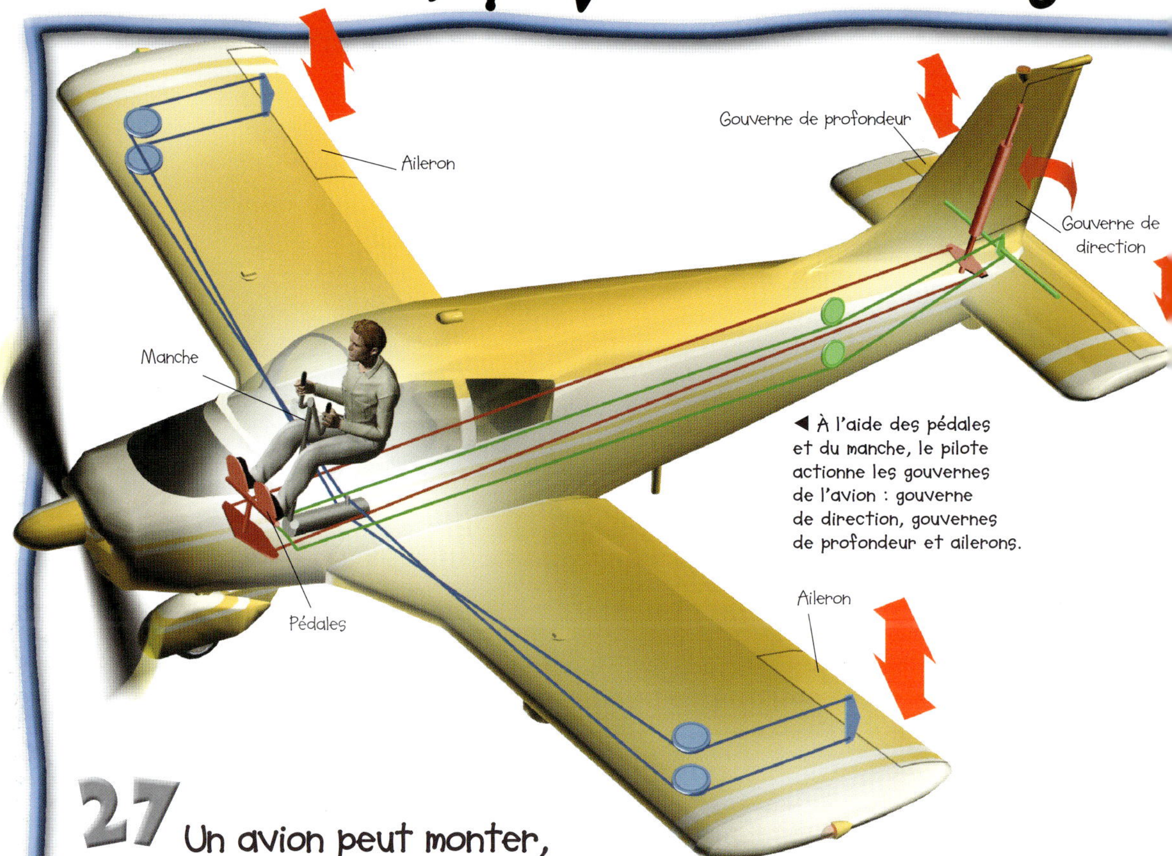

◄ À l'aide des pédales et du manche, le pilote actionne les gouvernes de l'avion : gouverne de direction, gouvernes de profondeur et ailerons.

27 Un avion peut monter, descendre ou virer. Aux commandes, le pilote utilise les pédales et le manche qui sont reliés aux gouvernes sur les ailes et la queue de l'appareil. Un aéronef se déplace dans trois directions : le lacet correspond au virage à droite ou à gauche et le tangage abaisse ou relève le nez. Le roulis consiste simplement à faire basculer l'appareil d'un côté ou de l'autre.

28 Pour gagner de l'altitude, le pilote tire le manche vers lui. Cela soulève les gouvernes de profondeur (volets sur les petites ailes horizontales à l'arrière de la queue). En passant sur ces gouvernes, l'air a pour effet d'abaisser la queue et de remonter le nez. Pour piquer vers le sol, le pilote pousse le manche vers l'avant, ce qui abaisse les gouvernes. Cette manœuvre est le tangage.

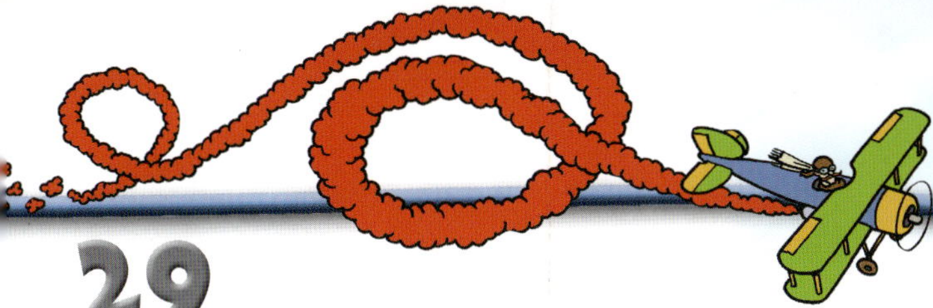

▲ Ce petit avion tourbillonne dans les airs grâce aux gouvernes actionnées par le pilote.

29

En mettant le manche vers la gauche ou la droite, cela agit sur les volets (appelés ailerons) situés sur les ailes. En manœuvrant le manche vers la gauche, l'aileron gauche se soulève et le droit s'abaisse. Ainsi, l'aile gauche descend et la droite monte : l'appareil bascule vers la gauche. Amener le manche vers la droite fait pencher l'avion vers la droite. On appelle cela le roulis.

30

Les pédales entraînent l'avion vers la droite ou vers la gauche. Elles sont reliées à la gouverne de direction située sur la dérive. Appuyer sur la pédale gauche fait pivoter la gouverne de direction vers la gauche. Ainsi, la queue tourne vers la droite et le nez vers la gauche : l'avion décrit donc un virage vers la gauche. On fait de même avec la pédale droite pour virer à droite. C'est le lacet.

Roulis
Une des ailes bascule vers le bas et l'autre vers le haut.

Tangage
Le nez s'abaisse ou se relève.

Lacet
L'avion tourne à gauche ou à droite.

▶ Une fois en l'air, un avion peut se déplacer de trois façons : roulis, tangage et lacet.

VRAI OU FAUX ?

1. Pousser le manche vers l'avant fait monter l'avion.
2. Appuyer sur la pédale gauche fait tourner l'avion vers la gauche.
3. En mettant le manche à gauche, l'avion bascule vers la droite.

Réponses :
1. Faux ; 2. Vrai ; 3. Faux

31

Dans les airs, lorsque l'avion tourne, il doit faire un virage sur l'aile. C'est comme une bicyclette qui s'incline dans un virage. Par exemple, pour pivoter à droite, le pilote met le manche vers la droite tout en enfonçant la pédale droite. Ainsi, l'avion se dirige tout en basculant vers la droite !

Décollage et atterrissage

32 Pour décoller, les avions doivent prendre de l'élan. Le pilote règle les moteurs à leur puissance maximum. Il fait rouler l'avion sur la piste jusqu'à ce que l'appareil ait suffisamment de vitesse pour que les ailes puissent le soulever. Les avions décollent généralement face au vent, le flux d'air sur les ailes étant plus rapide et donc la portance plus importante.

▶ Après le décollage, l'avion monte haut dans le ciel jusqu'à ce qu'il atteigne son altitude de croisière.

INCROYABLE !
Quand il est plein, le gros-porteur Antonov AN-225 est tellement lourd qu'il doit parcourir 3,5 kilomètres afin d'acquérir la vitesse nécessaire pour décoller. Lors de l'atterrissage, il sort ses 32 roues !

33 Quand l'avion a acquis suffisamment de vitesse, le pilote ramène le manche vers lui ; les gouvernes de profondeur situées sur la queue se soulèvent. Le nez se lève et l'avion commence à monter dans les airs. Dès que l'ascension est régulière, le pilote replie les roues afin de réduire la traînée et d'augmenter la vitesse de l'appareil. Celui-ci monte jusqu'à son altitude de croisière puis se stabilise pour le voyage. Les avions de ligne volent au-dessus des nuages, où l'air est plus rare et la traînée moins importante.

◀ Cet avion vient juste de décoller d'un aéroport situé près d'une plage. Non seulement, un décollage est impressionnant mais c'est également très bruyant !

34 **Les contrôleurs aériens donnent des consignes aux pilotes pour que les décollages ou les atterrissages se passent en toute sécurité.** Le pilote doit rigoureusement suivre les instructions des contrôleurs aériens et ne peut pas atterrir ou décoller s'il n'en a pas reçu l'autorisation.

▲ Dans la tour de contrôle, les ordinateurs indiquent aux contrôleurs aériens les avions qui sont prêts au décollage et à l'atterrissage.

35 **Vers la fin du voyage, le pilote pousse le manche vers l'avant pour abaisser le nez de l'appareil et amorcer la descente.** Il dirige l'appareil dans l'axe de la piste. Il réduit la vitesse des moteurs et abaisse les volets des ailes pour aider au ralentissement de l'appareil. Lorsque les roues touchent le sol, il inverse le fonctionnement des moteurs pour arrêter complètement l'avion.

36 **Quand la visibilité est faible, par temps de brouillard par exemple, les avions peuvent atterrir automatiquement.** Les ordinateurs de bord captent les signaux radio émis par les balises qui longent la piste. Ainsi, l'avion se place dans l'axe de la piste et le pilote peut le faire atterrir en toute sécurité.

▼ Lors de l'atterrissage, les roues situées sous le fuselage de l'avion touchent d'abord la piste, suivies de celles placées sous le nez.

Le poste de pilotage

37 Le cockpit est l'habitacle où le pilote est assis pour diriger l'avion. Dans les gros appareils, on appelle cela le poste de pilotage. Partout, il y a des écrans, des boutons, des manettes et des voyants. Le manche et les pédales sont situés face au siège du pilote.

◄ Avant de décoller, le pilote contrôle soigneusement les commandes de cet Airbus A380 afin de s'assurer que tout fonctionne bien.

38 Dans le cockpit, les instruments sont primordiaux pour le pilotage d'un avion. En effet, ce sont eux qui signalent au pilote si tout va bien pendant le vol : des écrans lui indiquent la vitesse, l'altitude et la position de l'appareil dans le ciel. Des informations météorologiques sont également disponibles. Les anciens aéronefs avaient plutôt des cadrans mais les modernes sont équipés maintenant d'écrans d'ordinateur.

39 **Un pilote automatique peut prendre le relais sur le pilote humain.** Non seulement il est capable de procéder à l'atterrissage mais il peut également manœuvrer l'avion pendant la plus grande partie du voyage. Le pilote humain définit la vitesse, l'altitude et la direction à prendre. Puis, c'est l'ordinateur qui s'occupe du reste en effectuant tous les réglages nécessaires au maintien du cap.

40 **Dans les avions de ligne et les avions-cargos, le poste de pilotage a deux sièges : un pour le pilote, l'autre pour le copilote.** Chaque siège possède son propre jeu de commandes avec un manche et des pédales pour que pilote et copilote puissent prendre le relais à tout moment.

41 **Les avions de chasse modernes n'ont généralement qu'un seul siège, celui du pilote.** Ces appareils sont souvent équipés d'un pare-brise spécial : il est de type tête haute, c'est-à-dire que les informations des écrans de contrôle sont directement visibles sur la vitre du cockpit. Ainsi, le pilote n'a pas besoin de baisser la tête pour vérifier les données. Elles peuvent aussi s'afficher sur la visière du casque que porte le pilote, ce qui lui permet de les avoir toujours devant lui, même quand il tourne la tête !

Les avions de ligne

42 L'avion de ligne est un aéronef commercial qui ne transporte que des passagers. C'est pourquoi la cabine dans le fuselage est équipée de sièges. En règle générale, les avions de ligne communs n'en transportent que 200 voire 400 grand maximum.

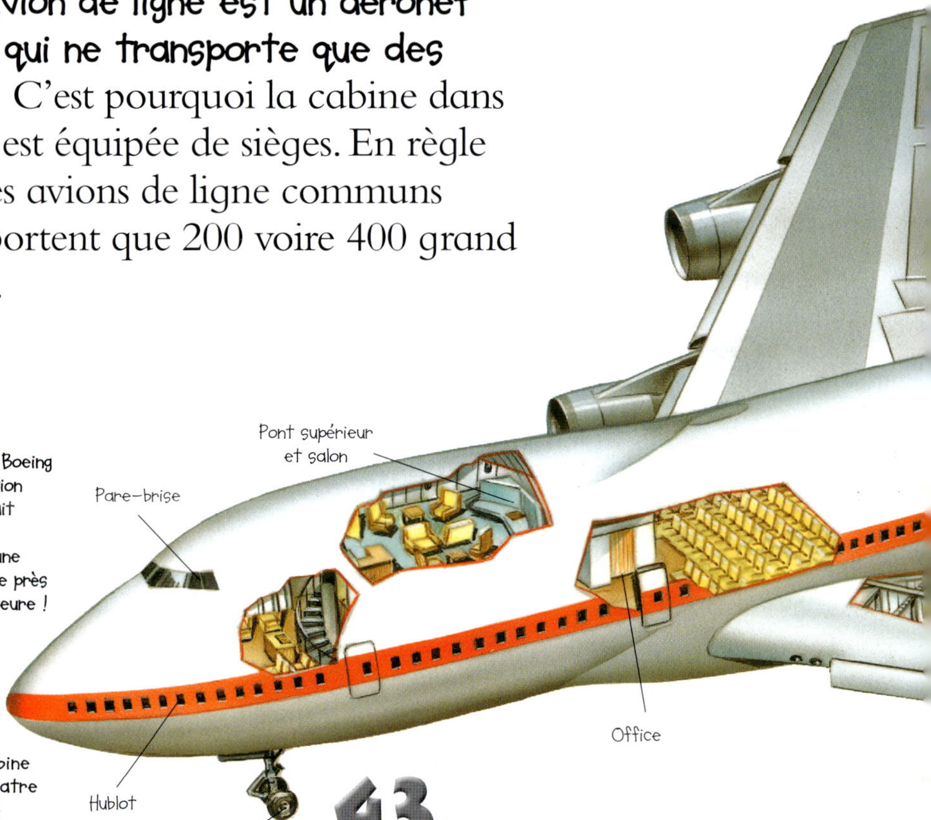

▶ En février 1969, le Boeing 747 fut le premier avion gros-porteur. Il pouvait transporter jusqu'à 500 passagers avec une vitesse de croisière de près de 1 000 kilomètres/heure !

▼ Intérieur de la cabine d'un Boeing 747. Quatre rangées de sièges se trouvent au milieu de la cabine et deux sont situées sur chaque côté.

43 Sous le sol de la cabine principale se trouve la soute où sont placés la plus grande partie des bagages. Outre les bagages des passagers, les avions transportent souvent des cargaisons dans la soute. Il y a aussi de la place en cabine pour des bagages moins volumineux, sous les sièges ou dans des casiers au-dessus des sièges. Les bagages sont limités en nombre et en poids car l'avion ne pourrait pas voler s'il était trop lourd.

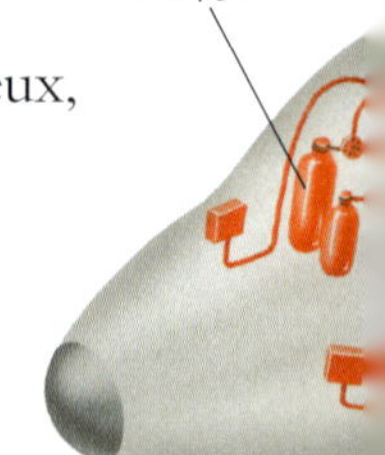

44 Près de la cabine des voyageurs, se trouvent de petites cuisines appelées offices.

Près de la cabine des voyageurs, se trouvent de petites cuisines appelées offices. La nourriture et les boissons y sont entreposées pour le voyage. Les repas sont préparés à l'avance et livrés à l'aéroport, prêts à servir. À l'heure de manger, le personnel de bord distribue les plateaux-repas aux passagers.

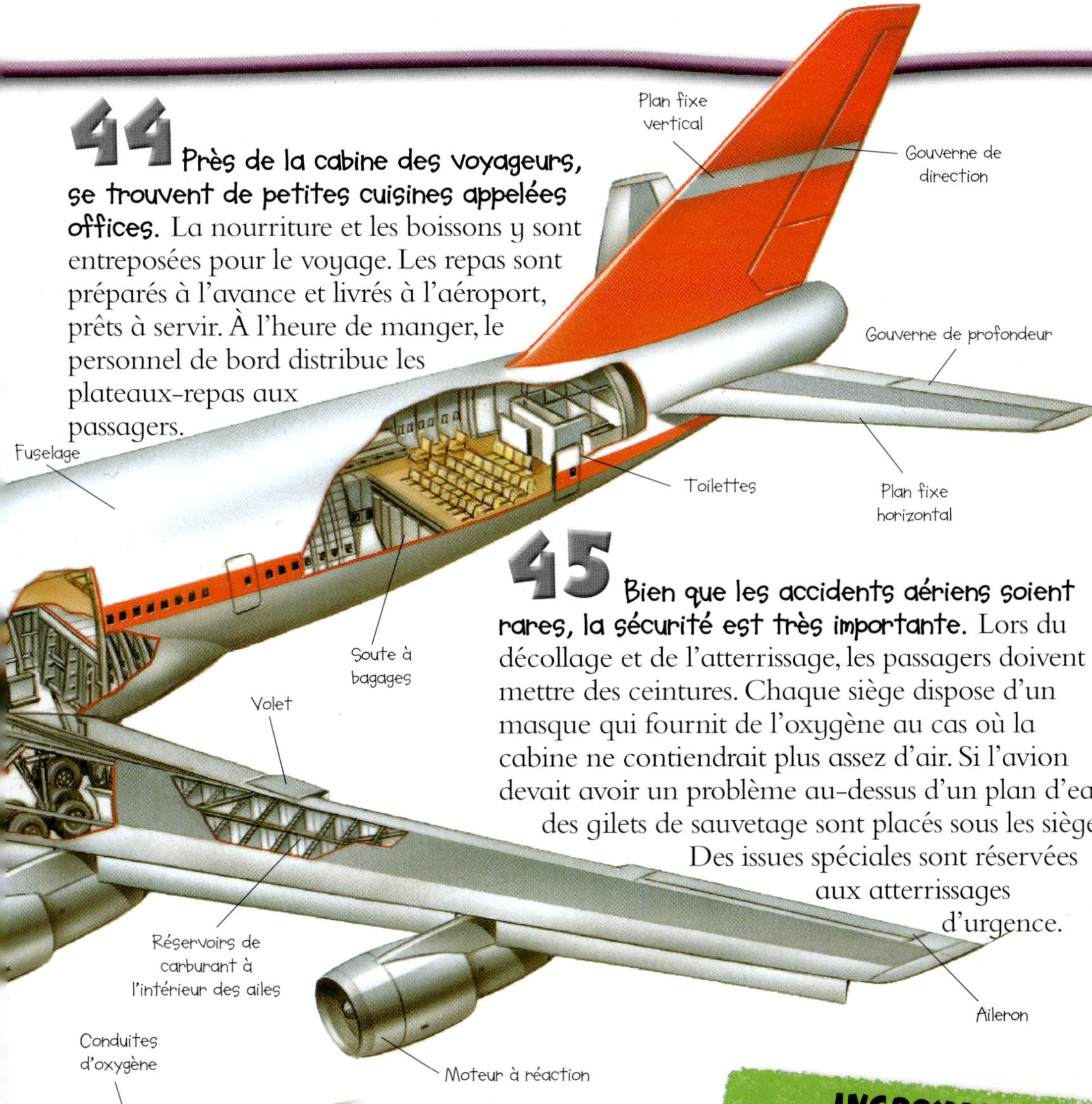

45 Bien que les accidents aériens soient rares, la sécurité est très importante.

Bien que les accidents aériens soient rares, la sécurité est très importante. Lors du décollage et de l'atterrissage, les passagers doivent mettre des ceintures. Chaque siège dispose d'un masque qui fournit de l'oxygène au cas où la cabine ne contiendrait plus assez d'air. Si l'avion devait avoir un problème au-dessus d'un plan d'eau, des gilets de sauvetage sont placés sous les sièges. Des issues spéciales sont réservées aux atterrissages d'urgence.

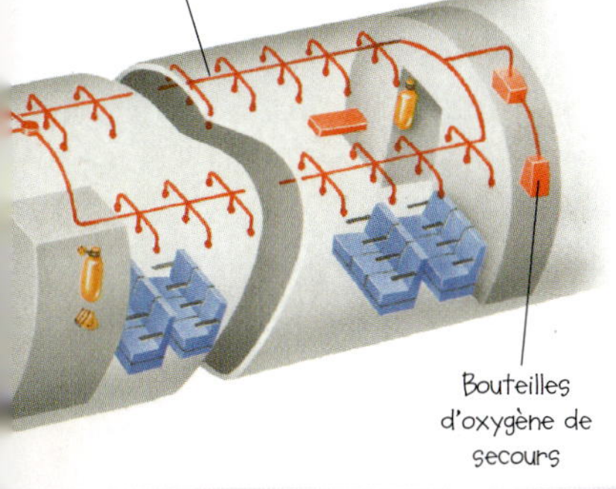

◄ À haute altitude, on ne peut pas respirer l'air extérieur car il se fait trop rare. Les avions de ligne ont donc leur propre réserve d'oxygène à bord.

INCROYABLE !

L'Airbus A380 peut parcourir 15 000 km sans escale à la vitesse de 900 km/h !

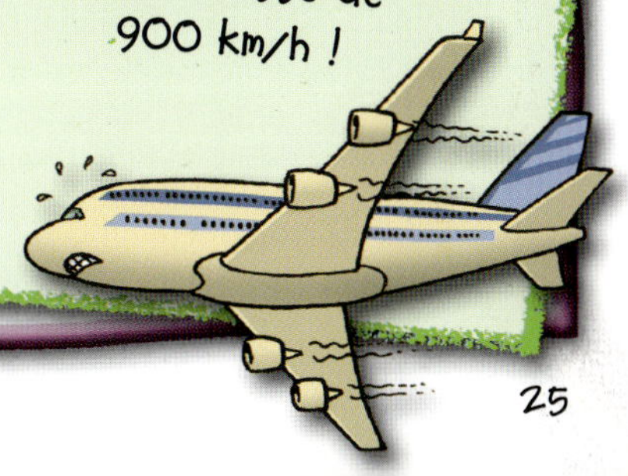

À l'aéroport

46

Les parties les plus visibles d'un aéroport sont les terminaux et les pistes. La plupart dispose d'au moins deux pistes de 3 kilomètres de long qui permettent aux gros avions de décoller et d'atterrir. Des signalisations le long de la piste indiquent au pilote où se poser.

47

Les passagers se rendent au terminal pour prendre leur avion. Les billets d'embarquement et les passeports sont vérifiés. Les valises sont confiées au personnel afin qu'elles soient mises dans la soute. Les passagers et les bagages à main sont contrôlés par des agents de sécurité pour s'assurer qu'il n'y ait aucun objet dangereux. Même les valises qui vont dans la soute sont examinées. En attendant, les passagers patientent dans la salle d'embarquement.

▶ Certains aéroports sont immenses. L'aérogare d'Orly près de Paris fait plus de 500 000 m².

48 **Également appelée aire de stationnement, le terminal est l'endroit où les aéronefs se garent.** Dans les grands aéroports, les passagers entrent directement dans l'avion via une passerelle d'embarquement. Lorsque tout le monde est à bord et installé sur son siège, les portes se ferment et la passerelle est retirée. L'avion avance lentement sur le chemin de déroulement pour aller jusqu'en début de piste où il prend son envol.

49 **Les contrôleurs aériens suivent les déplacements de tous les avions autour de l'aéroport.** Depuis la tour de contrôle, ils surveillent ceux en vol qui veulent atterrir et ceux qui sont sur le point de décoller. Leur travail consiste à maintenir une distance suffisante entre les avions afin d'éviter tout accident. Ils communiquent avec les pilotes par radio et leur donnent l'autorisation de se poser ou de décoller.

INCROYABLE !

Environ 68 millions de passagers transitent par l'aéroport londonien de Heathrow chaque année, soit plus de 180 000 par jour. Un avion y atterrit et décolle en moyenne toutes les minutes !

50 **Entre deux vols, les techniciens vérifient que tout fonctionne parfaitement.** L'avion est nettoyé et réapprovisionné en nourriture et boissons. Les bagages sont chargés, bien avant que les passagers ne montent à bord. Les camions-citernes remplissent les réservoirs de carburant. Régulièrement, les avions sont soumis à des contrôles plus approfondis afin de s'assurer qu'ils sont en parfait état de vol.

Les hélicoptères

▲ Les hélicoptères sont extrêmement pratiques et maniables : il suffit au pilote d'incliner les pales du rotor pour changer de direction.

51 **En tournant, les rotors permettent à l'hélicoptère de s'élever dans les airs.** Ils sont pourvus de pales qui ont la forme de longues ailes étroites. Le moteur les fait tourner à toute vitesse et c'est ainsi que l'hélicoptère décolle. Sur la queue de l'appareil, se trouve un petit rotor (appelé anticouple). En tournant dans le sens opposé du rotor principal, il permet de stabiliser l'hélicoptère.

52 **Les hélicoptères peuvent se déplacer dans n'importe quelle direction** : vers le haut, le bas, la droite, la gauche, l'avant et l'arrière. Il suffit pour cela de changer l'inclinaison des pales du rotor principal. Par exemple, en les inclinant vers l'avant, les pales se déforment légèrement pour donner plus de poussée à l'arrière. Ainsi, la queue monte et l'appareil avance. L'hélicoptère peut également faire du surplace grâce à son rotor de queue !

53 Les hélicoptères n'ont pas besoin de piste et peuvent atterrir n'importe où sur une surface plane.

De plus, comme ils peuvent rester immobiles dans les airs, ils sont très pratiques pour les sauvetages en mer ou en montagne : les blessés sont placés dans l'appareil et emmenés à l'hôpital le plus proche.

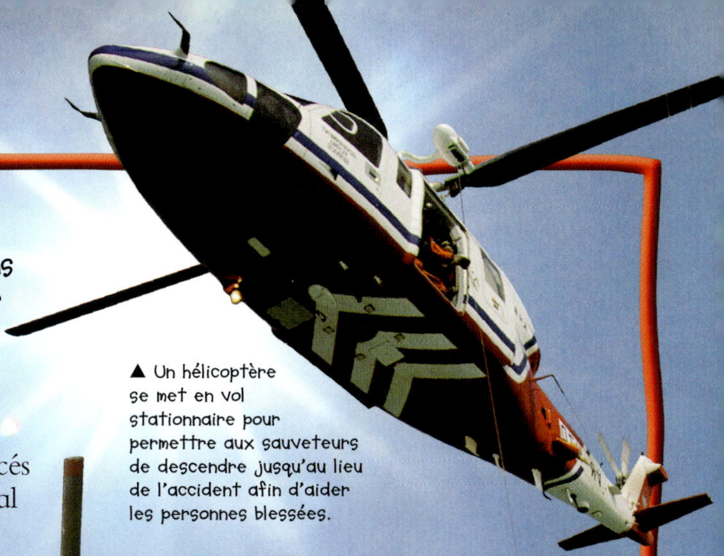

▲ Un hélicoptère se met en vol stationnaire pour permettre aux sauveteurs de descendre jusqu'au lieu de l'accident afin d'aider les personnes blessées.

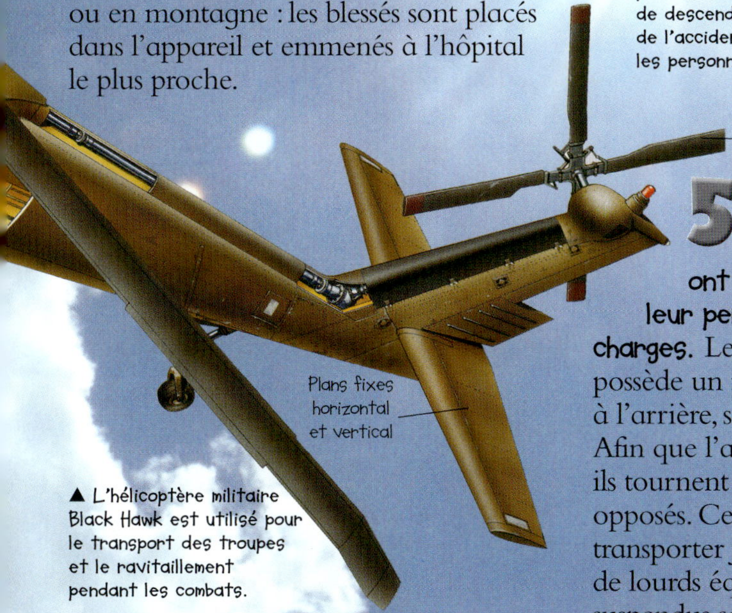

▲ L'hélicoptère militaire Black Hawk est utilisé pour le transport des troupes et le ravitaillement pendant les combats.

54 Certains hélicoptères ont deux grands rotors, ce qui leur permet de soulever de lourdes charges.

Le Chinook, par exemple, possède un rotor à l'avant et un autre à l'arrière, situé légèrement plus haut. Afin que l'appareil soit stable, ils tournent dans les sens opposés. Cet hélicoptère peut transporter jusqu'à 55 soldats ou de lourds équipements militaires suspendus sous l'appareil.

▼ Deux gros rotors permettent à l'hélicoptère Chinook une grande force de portance pour transporter de nombreux passagers.

FABRIQUE UN ROTOR

Prends une feuille de papier de 20 cm sur 6 et plie-la en deux dans le sens de la largeur. Déplie-la puis coupe un des petits bords jusqu'au pli pour obtenir deux bandes égales (de 10 cm sur 3). Rabats celles-ci de part et d'autre de la partie non découpée sur laquelle tu placeras un trombone. Observe la rotation de ton rotor en papier.

Ballons et dirigeables

55 Les ballons et dirigeables peuvent voler car ils sont moins lourds que l'air qui les entoure ! En effet, ils sont remplis d'un gaz ou d'air bien plus léger que celui de l'atmosphère, ce qui soulève le poids du dirigeable ou du ballon.

▲ Le brûleur (appelé aussi foyer) réchauffe l'air qui se trouve dans le ballon. Celui-ci devient plus léger que l'air ambiant et entraîne la montgolfière vers le haut.

▶ Les ballons à air chaud ou montgolfières sont pilotés pour le plaisir. Ils sont spectaculaires à regarder. Des compétitions entre aérostiers sont organisées dans le monde entier.

LA MONTÉE DE L'AIR CHAUD

Observe la fumée d'un barbecue, par exemple : elle est poussée vers le haut. Le charbon en combustion réchauffe l'air qui devient plus léger que celui ambiant, plus frais. Les minuscules particules de fumée te permettent de voir l'air chaud qui monte.

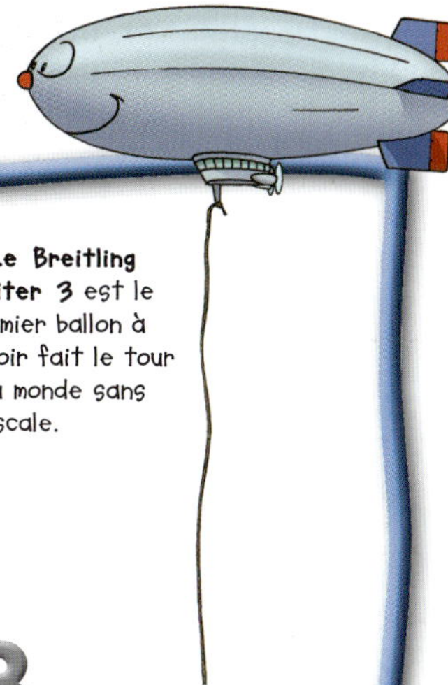

◀ **Le Breitling Orbiter 3** est le premier ballon à avoir fait le tour du monde sans escale.

56

L'air à l'intérieur d'une montgolfière est chauffé pour être plus léger que l'air froid qui l'entoure. Les brûleurs placés sous le ballon réchauffent l'air qui s'y trouve. En se propageant dans l'enveloppe, il devient plus léger que l'air extérieur. Lorsque les brûleurs sont allumés, l'aéronef monte. Lorsqu'ils sont coupés, il descend progressivement, au fur et à mesure que l'air intérieur se refroidit. Pour une descente plus rapide, l'aérostier ouvre un évent (trou) et laisse s'échapper une partie de l'air chaud. Cependant, n'ayant aucun moteur, un ballon va là où le vent le pousse !

57

Les ballons météorologiques sont remplis d'hélium. Ce gaz très léger leur permet de s'élever bien plus haut que les montgolfières. Utilisés pour mesurer les températures et les vents bien au-delà des nuages, ils transmettent les informations au sol par radio. Le ballon à l'hélium, le ***Breitling Orbiter 3***, a battu un record. À son bord, en 1999, Bertrand Piccard et Brian Jones furent les premiers à faire le tour du monde sans escale : il leur a fallu 20 jours pour parcourir plus de 46 000 km !

58

Les dirigeables sont remplis d'un gaz léger mais, contrairement aux ballons, ils sont propulsés par des moteurs. Les modernes utilisent l'hélium, un gaz qui ne s'enflamme pas. Les moteurs et hélices entraînent l'aéronef et le pilote le dirige grâce à un gouvernail. La cabine où se trouvent les passagers et le pilote s'appelle la nacelle. On voit souvent des dirigeables en vol stationnaire au-dessus de lieux où se déroulent des événements, comme les Jeux Olympiques par exemple ; ils sont équipés de caméras pour enregistrer des images vues du ciel.

▶ Amarré à un bateau, ce dirigeable est équipé d'un radar. Il est utilisé pour repérer les icebergs sous l'eau et avertir les embarcations du danger.

Décollage vertical

▼ Grâce à ses deux rotors, l'Osprey V-22 américain décolle comme un hélicoptère.

59 Les avions à décollage vertical n'ont pas besoin d'une grande piste car ils quittent le sol en hauteur. Il en existe deux principaux modèles : ceux équipés d'hélices (appelés appareils à rotors basculants) et ceux munis de turboréacteurs. Ces aéronefs sont essentiellement utilisés dans l'armée. Ils peuvent se poser sur des navires en mer et transporter des troupes ou des équipements vers des bases militaires qui n'ont pas de piste.

60 Les ailes de l'Osprey V-22 ont à chaque extrémité une grosse hélice. C'est grâce à ces hélices que l'Osprey peut s'élever verticalement : elles jouent le même rôle que les pales du rotor principal d'un hélicoptère. Mais, une fois en l'air, les moteurs situés au bout des ailes pivotent en avant et les hélices se mettent à la verticale : l'Osprey vole alors comme un avion normal. Elles peuvent également s'incliner pour permettre à l'appareil de faire du surplace, comme un hélicoptère.

► Pour décoller, le pilote de l'avion furtif F-35B met en rotation sa soufflante (énorme ventilateur) qui agit comme le rotor d'un hélicoptère.

◀ Les ADAV Harrier décollent essentiellement depuis des porte-avions en mer.

61 **L'avion F-35B utilise sa soufflante qui tourne très vite et le souffle de ses moteurs à réaction pour décoller.** Il n'a besoin que d'une piste très courte. Il commence par avancer puis dirige la propulsion de ses moteurs vers le bas. Avec l'aide de son énorme soufflante située au milieu et au-dessus du fuselage, il quitte la piste. Puis l'avion bascule vers l'arrière et vole à la vitesse supersonique. La soufflante permet également à l'appareil de se mettre en vol stationnaire ou d'atterrir verticalement.

62 **Le Harrier, un avion à décollage et atterrissage verticaux (ADAV) utilise ses moteurs à réaction pour décoller.** Les jets de gaz chauds venant des moteurs sont dirigés vers le bas, propulsant l'appareil dans les airs à la verticale. Puis, pour se déplacer à l'horizontale, les jets sont orientés vers l'arrière. Ainsi, l'appareil vole comme tout autre avion à réaction. Ceci dit, il peut faire du surplace ou atterrir sans piste. La version britannique du Harrier fut présentée en 1969.

INCROYABLE !

En 1954, un objet expérimental étrange décolla verticalement. Il fut surnommé le Flying Bedstead – qui signifie « cadre de lit volant ». On l'a appelé ainsi car c'est exactement ce à quoi il ressemblait ! Muni d'un châssis en métal avec quatre pieds et deux moteurs, il pouvait décoller verticalement, faire du surplace, avancer et reculer.

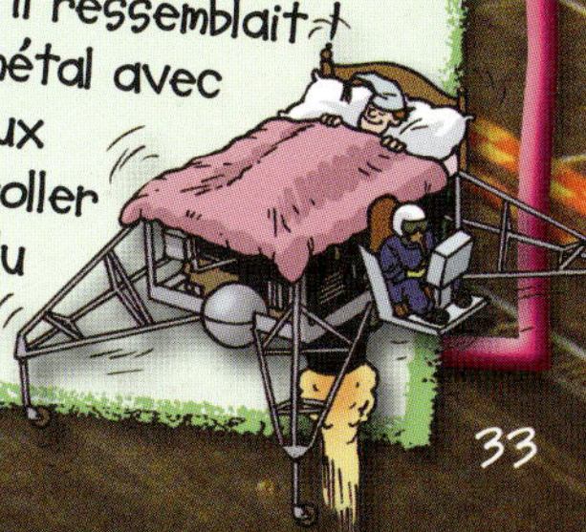

Les avions de guerre

63 En cas de conflits, les avions sont utilisés pour attaquer l'ennemi, lâcher des bombes ou transporter troupes et équipements. Les avions militaires modernes sont souvent à la fois des chasseurs et des bombardiers. Ils volent suffisamment vite pour attaquer et échapper au danger tout en transportant bombes et missiles. En règle générale, les gros bombardiers peuvent parcourir de plus longues distances que les chasseurs.

▲ Après avoir largué ses bombes, un avion de combat s'éloigne très vite. De petite taille, il est extrêmement rapide.

64 Selon la mission qui leur est confiée, les avions militaires ont des armes différentes. Ils transportent des roquettes, des missiles ou des bombes et sont équipés de canons. Les missiles possèdent un moteur-fusée qui les propulse vers la cible. Mais les bombes « intelligentes » n'ont pas de moteur : grâce à leurs ailettes, elles volent jusqu'à atteindre l'ennemi. Les pilotes peuvent faire feu sur plusieurs cibles à la fois.

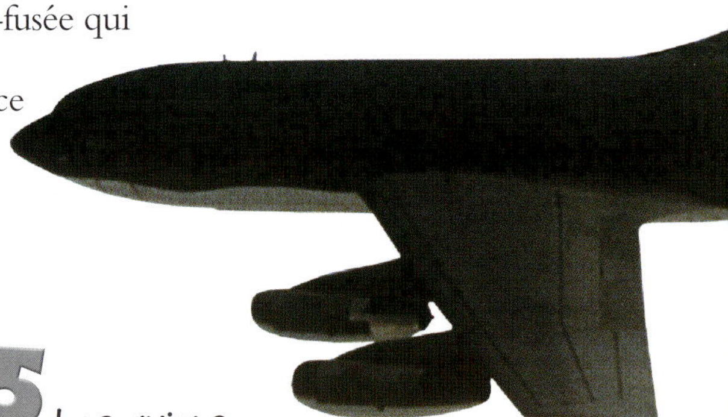

▼ Un avion de chasse (à l'extrême droite) vole aux côtés d'un ravitailleur (ci-dessous) pour se réapprovisionner en carburant.

65 Les avions de chasse sont difficiles à piloter. Des simulateurs de vol sont utilisés pour former les pilotes avant qu'ils ne passent aux commandes d'un vrai chasseur. Reliées à des ordinateurs, ce sont des machines qui permettent au pilote de ressentir les mêmes sensations que s'il manœuvrait un véritable avion.

◀ Grâce à des casques spéciaux, les pilotes de chasse peuvent communiquer entre eux ou avec les contrôleurs aériens. De plus, ils leur fournissent l'oxygène nécessaire pour respirer.

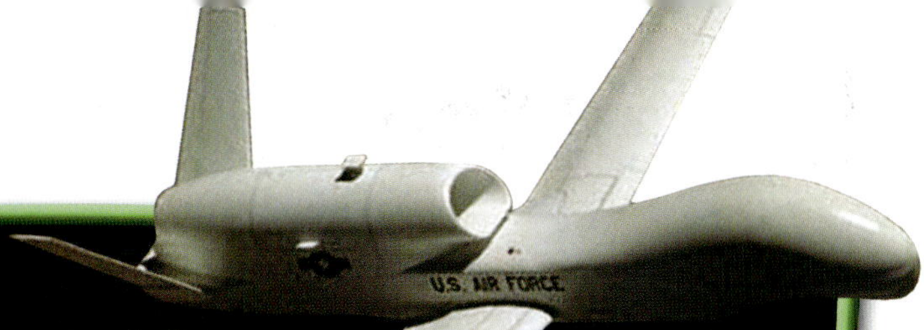

▲ L'avion-espion **Global Hawk** est un robot qui fonctionne sans pilote.

66

Les forces armées se servent de gros avions-cargos pour transporter des troupes et des équipements lourds. Ils emmènent les chars d'assaut et autres équipements nécessaires à une armée, qu'importe l'endroit où elle combat. Ces avions ont besoin d'une piste pour atterrir ou décoller. Ce sont ensuite les hélicoptères qui prennent le relais pour transporter les hommes et les équipements près du champ de bataille.

67

Des avions sont spécialement conçus pour espionner. Les avions-espions (ou drones) sont télécommandés ou programmés pour survoler le territoire ennemi. Équipés de caméras, ces avions de reconnaissance transmettent des images de l'endroit où se trouvent les adversaires. Ainsi, les militaires sont informés de leurs faits et gestes : ils connaissent le nombre d'avions dont ils disposent, le lieu où il faut attaquer… Les drones survolent aussi les océans pour repérer les sous-marins ennemis.

68

De nombreux appareils militaires peuvent être ravitaillés en vol. Souvent, ils doivent parcourir de longues distances et il n'est pas toujours possible d'atterrir pour remplir les réservoirs. Un gros ravitailleur s'approche à côté de l'avion et le carburant passe par un tuyau qui relie les deux appareils. Une fois le réservoir plein, le ravitailleur s'en va et le chasseur ou le bombardier peut continuer sa route.

INCROYABLE !

La plupart des avions militaires ont des sièges éjectables qui permettent au pilote de s'échapper si son avion est touché. Le siège et le pilote sont catapultés en bloc hors du cockpit : une fusée les propulse vers le haut puis un parachute s'ouvre pour amorcer la descente.

Les avions utilitaires

69 Les avions de transport convoient des chargements dans le monde entier. À l'intérieur du fuselage, il n'y a aucun siège. Destinés à recevoir les conteneurs de marchandises, les gros-porteurs Boeing 747 peuvent contenir jusqu'à cinq gros camions ! Le chargement se fait par des trappes sur le côté.

► Sur cet avion-cargo C-5 Galaxy, la partie avant du fuselage s'ouvre pour le chargement de très grosses marchandises.

70 Le plus gros avion au monde est l'Antonov AN-225. Il peut transporter une cargaison de 250 tonnes ! D'ailleurs, il a été conçu pour convoyer la navette spatiale russe. L'Antonov est doté de six moteurs et ses ailes ont presque 90 mètres d'envergure. Deux Antonov ont été construits mais un seul est en service pour le moment.

▼L'Antonov AN-225 russe est le plus gros avion du monde. Il sert à transporter d'énormes cargaisons. Ici, il convoie une navette spatiale russe.

▶ Un avion de lutte contre les incendies déverse son chargement de produit ignifuge rouge afin de tenter d'éteindre un feu de forêt. Cette substance spéciale évite la propagation de l'incendie.

71 **On utilise des avions et des hélicoptères pour éteindre les incendies de forêts.** Également appelés canadairs, les bombardiers d'eau sont des avions qui volent très bas au-dessus de la mer ou d'un lac et se remplissent d'eau. Ensuite, ils survolent l'incendie et la déversent sur le feu. Certains hélicoptères ont sous leur fuselage un grand réservoir qu'ils utilisent aussi pour recueillir l'eau.

72 **Les hélicoptères et les petits avions servent d'ambulances aériennes.** Si une personne est gravement blessée dans un accident de la route ou en montagne, un hélicoptère peut être appelé. Placé sur un brancard, le patient est immédiatement emmené à l'hôpital. En Australie, les médecins utilisent aussi de petits avions pour se rendre dans les fermes et les villages éloignés ; le voyage en voiture serait beaucoup trop long !

73 **On fait des photographies aériennes pour établir les cartes des lieux.** Elles aident également les historiens ou archéologues à découvrir des villages ou des routes oubliés. Les anciennes ruines enfouies dans le sol se voient mieux du ciel que de la Terre !

74 **La police utilise des hélicoptères pour surveiller la circulation et poursuivre les criminels.** Lors d'une course-poursuite en voiture, les policiers dans un hélicoptère peuvent facilement suivre un malfaiteur et guider leurs collègues afin qu'ils l'arrêtent. Ils survolent également les routes dont la circulation est dense, donnant des informations sur des accidents ou embouteillages éventuels.

Les avions de plaisance

75 Certaines personnes pilotent des avions uniquement pour le plaisir ou pour le sport. Elles utilisent de petits appareils qui décollent d'aérodromes de taille réduite : pas besoin d'une longue piste bitumée, seule une bande de gazon bien tondu est suffisante ! La plupart de ces avions ne transportent que quelques passagers et certains n'ont même qu'un seul siège pour le pilote.

▶ La patrouille acrobatique de l'armée de l'air britannique, les **Red Arrows** (flèches rouges), présente des spectacles de voltige depuis 1965.

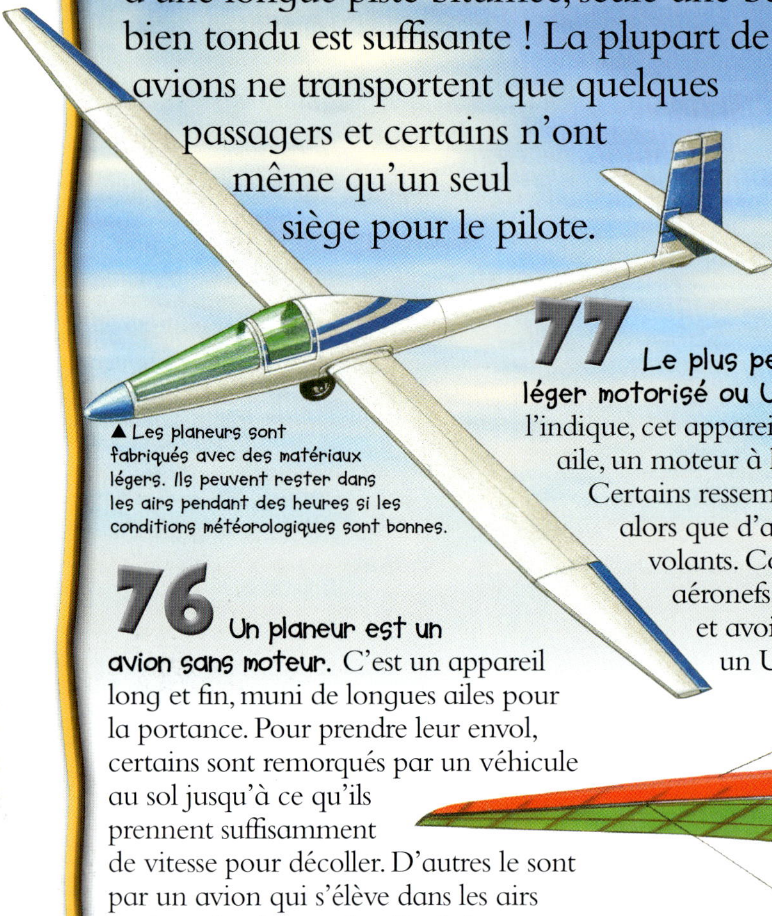

▲ Les planeurs sont fabriqués avec des matériaux légers. Ils peuvent rester dans les airs pendant des heures si les conditions météorologiques sont bonnes.

76 Un planeur est un avion sans moteur. C'est un appareil long et fin, muni de longues ailes pour la portance. Pour prendre leur envol, certains sont remorqués par un véhicule au sol jusqu'à ce qu'ils prennent suffisamment de vitesse pour décoller. D'autres le sont par un avion qui s'élève dans les airs en tirant le planeur derrière lui. Dès qu'il a pris assez de hauteur, le câble de remorquage est décroché et le planeur vole seul.

77 Le plus petit avion est appelé ultra-léger motorisé ou U.L.M. Comme son nom l'indique, cet appareil est très léger ; il a une seule aile, un moteur à hélice et un ou deux sièges. Certains ressemblent à de tout petits avions alors que d'autres ont l'aspect de gros cerfs-volants. Comme pour la plupart des aéronefs, il faut passer un examen et avoir un permis pour piloter un U.L.M.

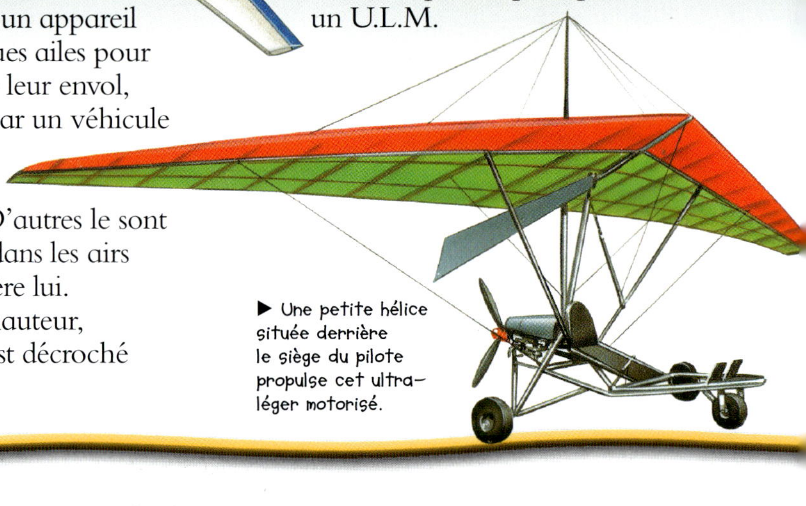

▶ Une petite hélice située derrière le siège du pilote propulse cet ultra-léger motorisé.

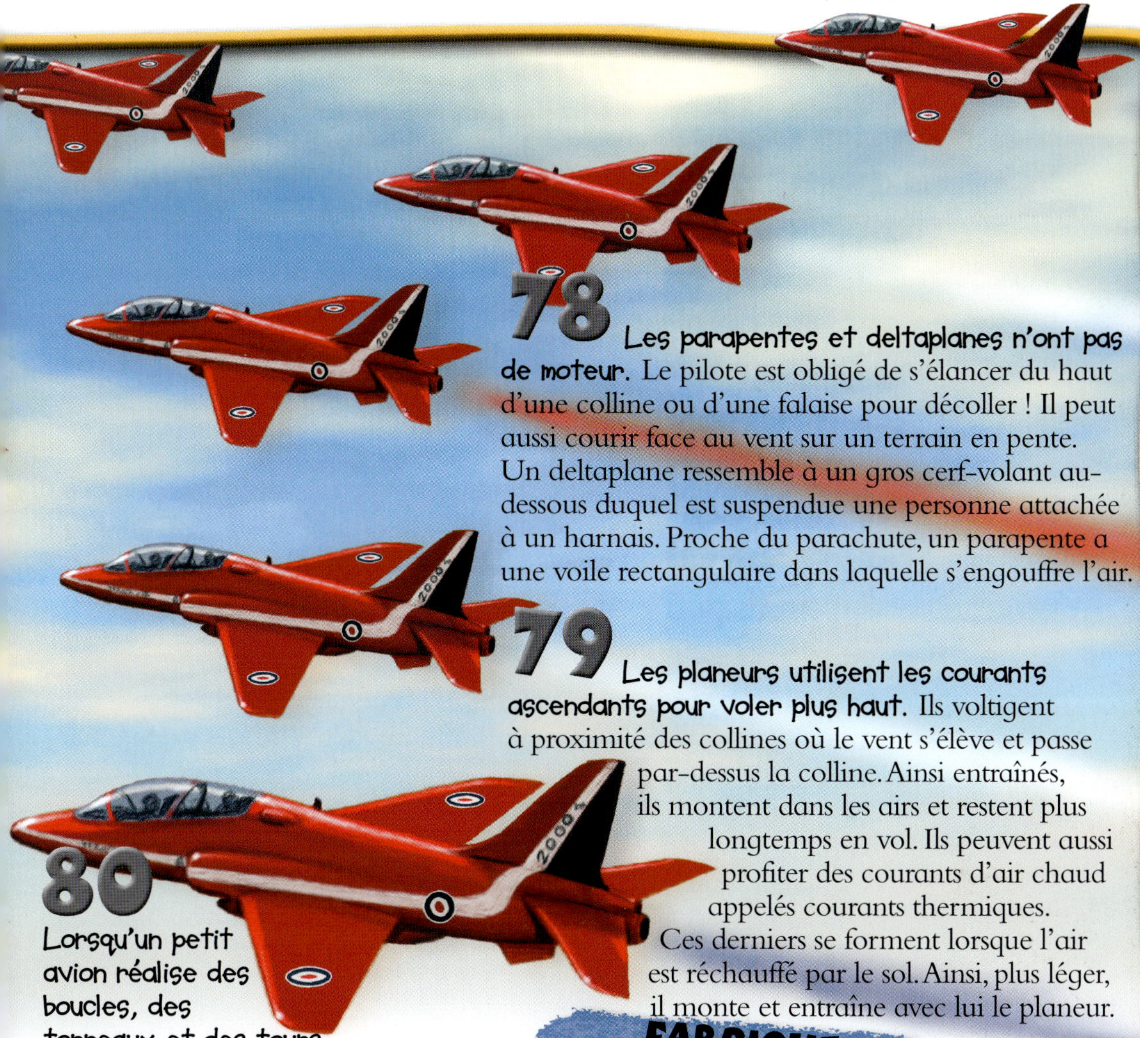

78 **Les parapentes et deltaplanes n'ont pas de moteur.** Le pilote est obligé de s'élancer du haut d'une colline ou d'une falaise pour décoller ! Il peut aussi courir face au vent sur un terrain en pente. Un deltaplane ressemble à un gros cerf-volant au-dessous duquel est suspendue une personne attachée à un harnais. Proche du parachute, un parapente a une voile rectangulaire dans laquelle s'engouffre l'air.

79 **Les planeurs utilisent les courants ascendants pour voler plus haut.** Ils voltigent à proximité des collines où le vent s'élève et passe par-dessus la colline. Ainsi entraînés, ils montent dans les airs et restent plus longtemps en vol. Ils peuvent aussi profiter des courants d'air chaud appelés courants thermiques. Ces derniers se forment lorsque l'air est réchauffé par le sol. Ainsi, plus léger, il monte et entraîne avec lui le planeur.

80 **Lorsqu'un petit avion réalise des boucles, des tonneaux et des tours compliqués, on appelle cela vol acrobatique ou voltige aérienne.** Les pilotes effectuent souvent de la voltige au cours de compétitions. Des groupes d'avions volant en formation et laissant derrière eux des traînées de fumée colorée peuvent être vus lors de spectacles aériens époustouflants. La réalisation de ces acrobaties en toute sécurité nécessite beaucoup de pratique et d'habilité.

FABRIQUE UN PLANEUR

Plie une feuille de papier de format A4 en deux dans le sens de la longueur puis déplie-la. Rabats les coins supérieurs vers le centre de manière à obtenir une flèche. Replie la feuille. Ensuite, rabats chaque partie obtenue sur le pli central d'origine. Ton planeur est prêt ! Ouvre bien ses ailes et lance-le. Essaie une nouvelle fois en plaçant un trombone sur le nez.

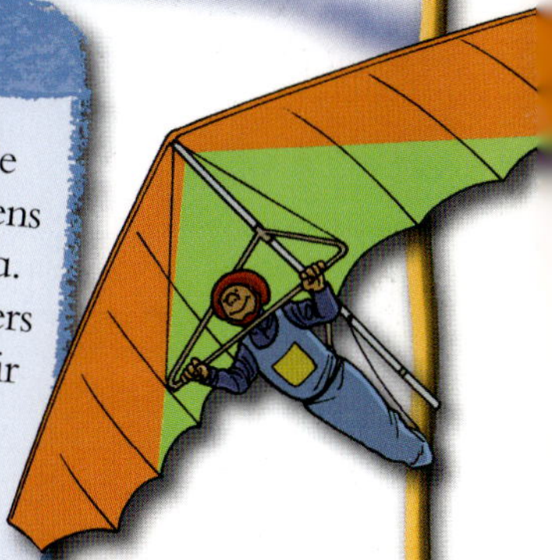

Sur l'eau...

81

En mer, les appareils militaires embarquent à bord d'immenses bateaux appelés porte-avions. Ces derniers emmènent les avions au plus près des zones de combat. Ils servent d'aéroport : les aéronefs décollent pour une mission puis reviennent se ravitailler en carburant. Lorsqu'ils ne volent pas, de nombreux appareils peuvent replier leurs ailes afin d'occuper le moins de place possible à bord.

82

Le pont supérieur d'un porte-avions est la piste où les appareils décollent et atterrissent. Elle est très courte. C'est pourquoi on utilise une sorte de catapulte pour propulser les avions vers l'avant, leur donnant ainsi plus de vitesse pour décoller. Lors de l'atterrissage, quand l'avion touche la piste, il est immobilisé par un filin accroché en travers du pont. Les appareils sont garés dans un hangar, sous le pont d'envol et passent d'un niveau à l'autre grâce à un immense ascenseur.

83

Les appareils à décollage vertical peuvent être embarqués sur des porte-avions plus petits. Comme ils n'ont pas besoin de piste, un petit espace sur le pont suffit à leur décollage et à leur atterrissage.

VRAI OU FAUX ?

1. Les hydravions peuvent se poser sur le sol.
2. Sur un porte-avions, certains aéronefs ont des ailes qui se replient.
3. Un hélipont est une aire destinée au décollage et à l'atterrissage des hélicoptères.

Réponses : 1. Faux ; 2. Vrai ; 3. Vrai

▼ Entre chaque vol, les appareils stationnent sur le pont d'envol du porte-avions. S'il n'y a plus de mission à accomplir, on les parque dans un hangar.

Un hydravion flotte sur l'eau, prêt à décoller. Ces petits appareils sont parfois utilisés par les garde-côtes pour des opérations de sauvetage.

84 Il y a également des hélicoptères sur les navires. Pour décoller et atterrir, ils n'ont besoin que d'une toute petite plate-forme appelée communément hélipont. Certes, ils ne volent pas aussi vite ni aussi loin qu'un avion mais ils peuvent transporter des personnes et des équipements. Par exemple, les plates-formes pétrolières en mer dépendent beaucoup des hélicoptères car ce sont eux qui amènent les équipes de relève et les approvisionnements du continent.

85 Les hydravions peuvent se poser sur l'eau. Ces petits appareils ont des flotteurs à la place des roues. Les flotteurs reposent sur l'eau de sorte que l'appareil est maintenu hors de l'eau. Les hydravions ne peuvent atterrir et décoller que si l'eau est calme. Ils servent parfois à se rendre sur des îles ou dans des lieux reculés où il y a des lacs mais peu de pistes d'atterrissage.

De forme hexagonale, les héliponts sont des aires d'atterrissage en mer pour les hélicoptères.

À vitesse supersonique

86 Les avions supersoniques volent plus vite que le son.

Pourtant, le son voyage déjà extrêmement vite. Quand tu frappes dans tes mains, le bruit se propage dans toutes les directions et les personnes qui t'entourent l'entendent quasi instantanément. Les avions supersoniques sont encore plus rapides que cela. Quand un aéronef se déplace plus vite que le son, on dit qu'il franchit le mur du son.

▶ Un F-16 Fighting Falcon américain peut voler deux fois plus vite que le son !

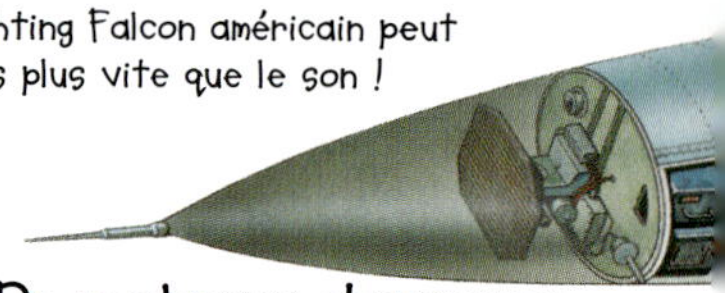

88 De nombreux chasseurs militaires sont des avions supersoniques.

Leurs moteurs sont souvent dotés de dispositifs spéciaux de postcombustion : dans les turboréacteurs, une plus grande quantité de carburant est brûlé que dans les moteurs classiques. Ainsi, l'avion dégage plus de puissance et donc, il peut voler à vitesse supersonique.

87 Lorsqu'un avion dépasse la vitesse du son, les personnes au sol entendent le bang.

Quand il vole, l'aéronef comprime l'air qui se trouve devant lui en ondes. Plus il se déplace vite, plus ces ondes sont compressées jusqu'à ce que l'appareil atteigne la vitesse du son. C'est à ce moment que toutes les ondes se rejoignent pour n'en former qu'une seule : l'onde de choc qui se propage derrière l'avion. C'est à ce moment que le bang retentit.

▲ Au fur et à mesure que la vitesse de l'avion augmente, les ondes sonores se compriment pour finalement générer un bang supersonique.

La forme des ailes procure à l'avion un aérodynamisme parfait.

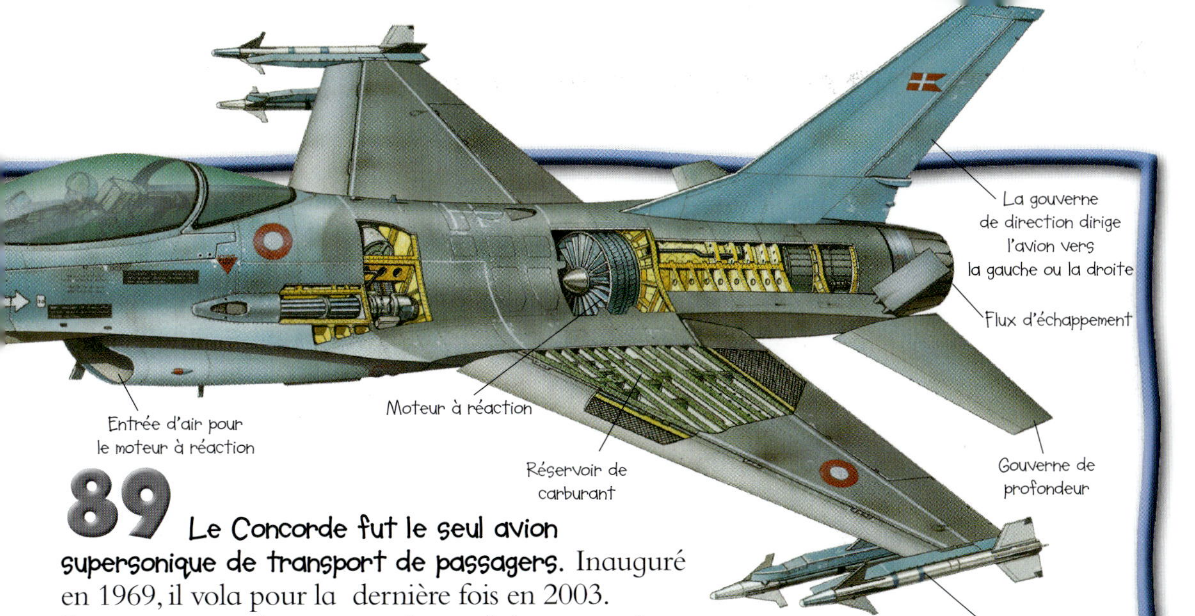

89 Le Concorde fut le seul avion supersonique de transport de passagers. Inauguré en 1969, il vola pour la dernière fois en 2003. Ses moteurs extrêmement puissants lui permettaient de se déplacer très vite mais ils étaient bruyants et consommaient énormément de carburant. Cependant, il était au moins deux fois plus rapide qu'un Boeing 747.

▲ Le **Concorde** volait à plus de 2 000 km/h, soit plus de deux fois la vitesse du son. Il ne se déplaçait à vitesse supersonique qu'au-dessus de l'océan afin d'éviter le bang au-dessus des agglomérations.

INCROYABLE !

Équipé d'un moteur-fusée, le Bell XI fut le premier avion supersonique. C'est le 14 octobre 1947 que son pilote, Chuck Yeager, devint la première personne à voler plus vite que le son !

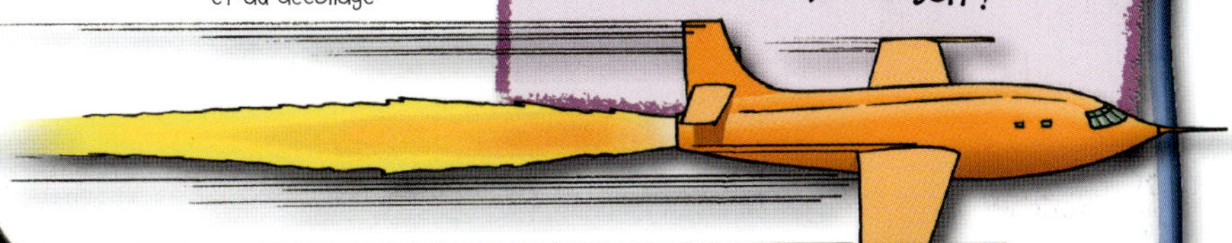

90 Avoir une forme aérodynamique est primordial pour les avions supersoniques. Le Concorde avait un fuselage fin, un nez pointu et des ailes qui partaient vers l'arrière. Le nez s'inclinait au décollage et à l'atterrissage ; le pilote pouvait ainsi voir le sol. Mais quand l'avion volait, le nez se redressait pour avoir une forme plus lisse et aérodynamique.

Vols spatiaux

◀ La fusée **Ariane 5** lance des satellites dans l'espace. Une nouvelle fusée est construite pour chaque lancement.

91 Les fusées vont dans l'espace.

91 Les fusées vont dans l'espace. Elles sont propulsées vers le haut par des moteurs puissants. Comme il n'y a pas d'air dans l'espace, les ailes sont donc totalement inutiles. De plus, il n'y a pas de traînée pour ralentir l'aéronef. Une fois lancée par la pression de son moteur, la fusée poursuit sa course. Elle n'a besoin de pressions supplémentaires que pour changer de direction ou de vitesse.

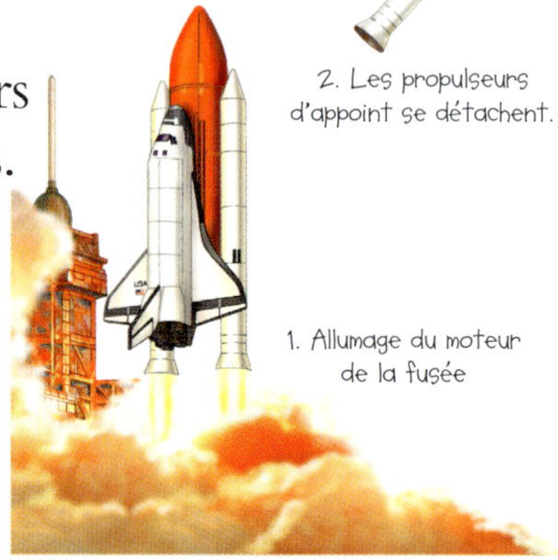

▲ Les moteurs-fusées et les propulseurs d'appoint de la navette lui donnent suffisamment de puissance pour atteindre l'espace.

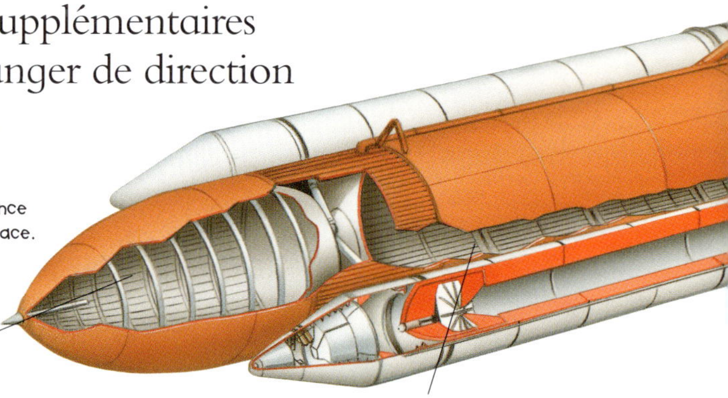

92 Les moteurs-fusées sont similaires aux moteurs à réaction.

92 Les moteurs-fusées sont similaires aux moteurs à réaction. La combustion du carburant à l'intérieur du moteur entraîne l'expulsion des gaz chauds par l'intermédiaire d'une tuyère à l'arrière : la fusée est propulsée vers le haut. Cependant, comme il n'y a pas d'oxygène dans l'espace, la fusée doit en transporter avec elle pour pouvoir brûler le carburant. Un moteur à réaction ne peut donc pas fonctionner dans l'espace !

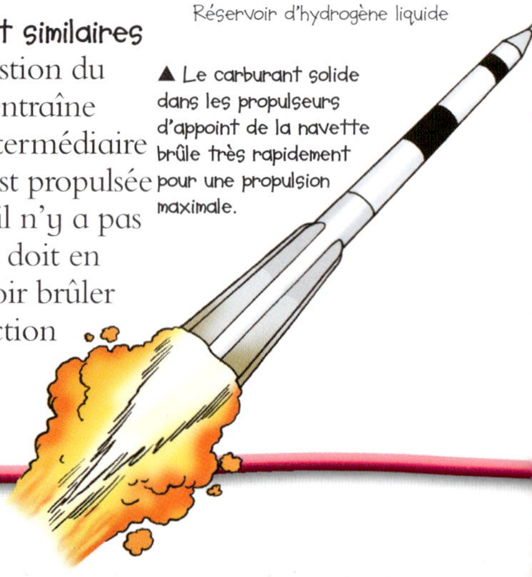

▲ Le carburant solide dans les propulseurs d'appoint de la navette brûle très rapidement pour une propulsion maximale.

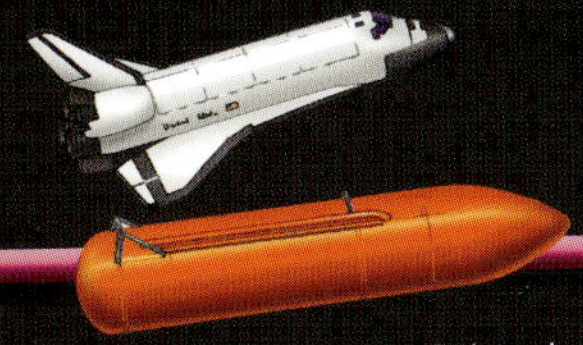

3. Le réservoir de carburant se sépare.

93

Une navette spatiale décolle comme une fusée. Elle a trois moteurs-fusées et deux énormes propulseurs d'appoint. Ces derniers ne fonctionnent que pendant deux minutes puis se détachent de la navette. Le carburant utilisé par les moteurs est dans un réservoir qui se sépare de l'aéronef quand il entre dans l'espace. Les propulseurs d'appoint tombent dans la mer et sont réutilisés alors que le réservoir se consume à mesure qu'il rentre dans l'atmosphère.

94

Tel un immense planeur, la navette atterrit sur une piste. Pour revenir sur Terre, le pilote n'utilise pas les moteurs-fusées de la navette. Seules les ailes et la queue lui servent à diriger l'appareil vers la longue piste qui lui est réservée. Quand elle touche le sol, sa vitesse est bien supérieure à celle d'un avion de ligne : un parachute est déployé pour ralentir et immobiliser la navette !

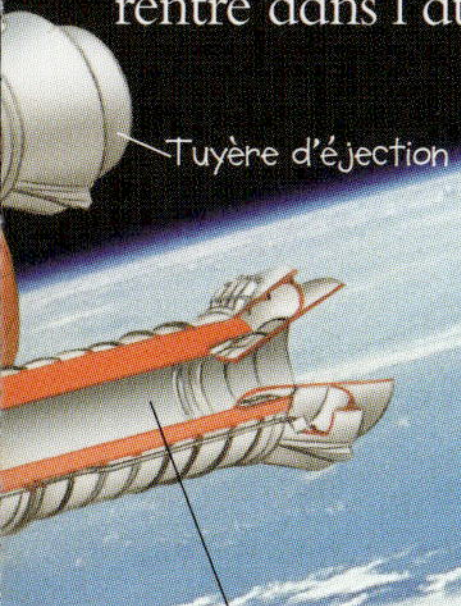

▶ Orion n'a pas d'ailes car il n'atterrira pas sur une piste.

95

Aux États-Unis, un nouvel engin spatial appelé Orion remplacera la navette. Il sera lancé par la NASA d'une fusée nommée Ares. Quatre à six astronautes voyageront dans Orion, une capsule conique. Ils pourront se rendre dans la Station spatiale internationale (ISS) ou sur la Lune voire même sur la planète Mars. Pour revenir sur Terre, Orion déploiera des parachutes puis des coussins gonflables pour amortir sa chute au sol !

QUIZ

1. De combien de propulseurs d'appoint la navette a-t-elle besoin pour atteindre l'espace ?
2. Un moteur à réaction fonctionnerait-il dans l'espace ?
2. Une fusée a-t-elle besoin d'ailes pour voler dans l'espace ?

Réponses :
1. Deux ; 2. Non ; 3. Non

Drôles d'avions !

▲ Le bombardier furtif B-2 Stealth (à droite) est recouvert de matériaux qui le rendent indétectable aux radars. Ci-dessus, on peut le voir de face à côté de deux hommes, ce qui nous permet d'avoir une idée de sa taille !

96 Le super transporteur d'Airbus, le Béluga, est un gigantesque avion de transport. Il porte le nom d'une baleine car il en a la forme et surtout la bouche ! Sa moitié inférieure est identique à celle d'un avion de ligne ordinaire mais la partie supérieure est énorme. Son nez s'ouvre pour le chargement de grosses cargaisons, comme des pièces immenses d'aéronefs en construction.

97 Le bombardier furtif Stealth ressemble à une immense aile. Il a été conçu de manière à ne pas être repéré par les radars (ondes radio qui suivent la trace des avions dans le ciel). Sa forme est plate et lisse. Pour ne pas apparaître sur les écrans, il est fait de matériaux spéciaux qui ne renvoient donc pas les ondes radio.

◀ Une cargaison volumineuse est chargée dans un avion de transport Béluga. La forme étrange de son nez le fait ressembler à la baleine dont il porte le nom !

98

Le Soleil peut fournir suffisamment d'énergie pour faire voler un avion. L'aéronef ***Solar Challenger*** avait de longues ailes recouvertes d'au moins 16 000 capteurs solaires. Grâce aux rayons du Soleil, de l'électricité était fabriqué, ce qui entraînait l'hélice de l'avion. En 1981, il réussit à voler de France jusqu'en Angleterre ! Helios était un engin qui ressemblait à une immense aile doté de 14 hélices à l'avant. Elles fonctionnaient grâce à l'électricité produite par les capteurs solaires situés au-dessus.

99

Le Gossamer Albatross volait grâce à la force musculaire. C'était un avion léger, muni de longues ailes fines et dont la structure simple était enveloppée d'une sorte de plastique. Le pilote s'asseyait dans une minuscule cabine et pédalait comme sur une bicyclette pour faire tourner son hélice. Il traversa ainsi la Manche en 1979.

INCROYABLE !

Le **Gossamer Albatross** était moins lourd que son pilote : ensemble, ils ne pesaient que 100 kilogrammes dont 32 seulement pour l'avion. L'appareil ne volait qu'à un mètre et demi au-dessus du sol, c'est-à-dire juste au ras de ta tête !

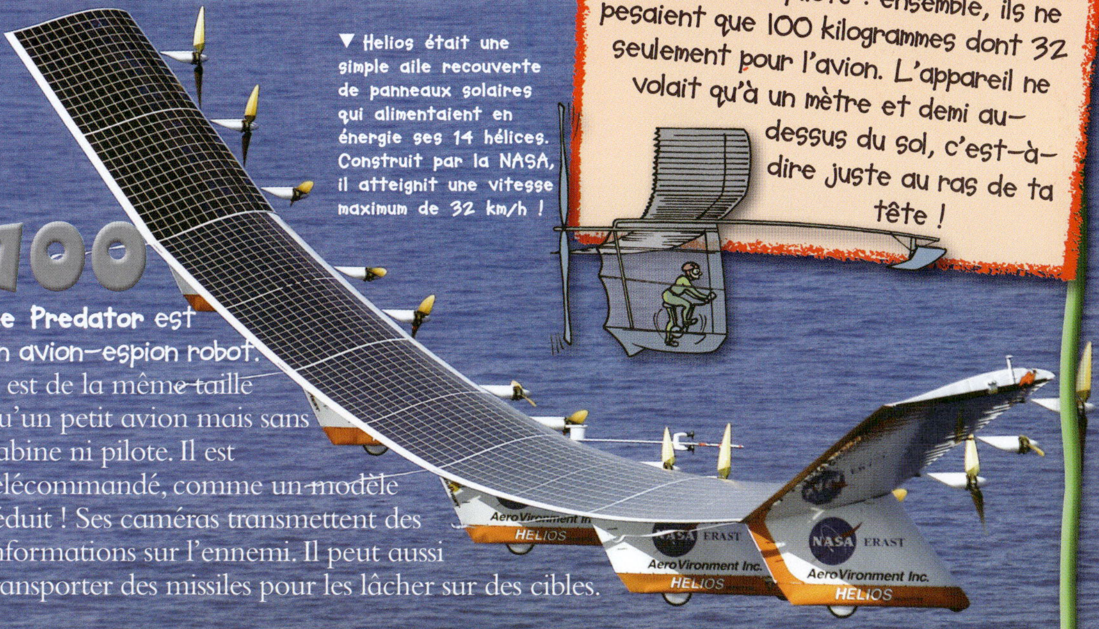

▼ Helios était une simple aile recouverte de panneaux solaires qui alimentaient en énergie ses 14 hélices. Construit par la NASA, il atteignit une vitesse maximum de 32 km/h !

100

Le Predator est un avion-espion robot. Il est de la même taille qu'un petit avion mais sans cabine ni pilote. Il est télécommandé, comme un modèle réduit ! Ses caméras transmettent des informations sur l'ennemi. Il peut aussi transporter des missiles pour les lâcher sur des cibles.

Index